La maison
Casa

Dictionnaire d'images bilingue pour enfants

Français-Espagnol castillan

Richard Carlson

La porte

puerta

La fenêtre
ventana

Le canapé

sofá

La table basse

mesa

Le tapis

alfombra

Le salon
salón

Le rideau

cortina

La pendule

reloj

Le tableau

cuadro

Le fauteuil
sillón

La lampe

lámpara

Les placards

armarios

Les fleurs

flores

La chaise
silla

La table

mesa

La salle à manger
comedor

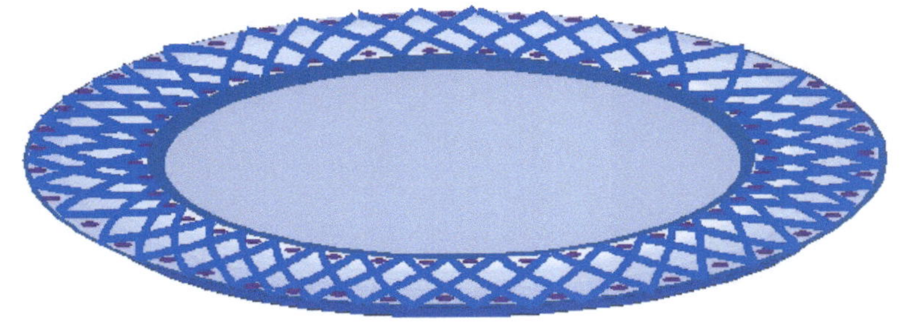

L'assiette
plato

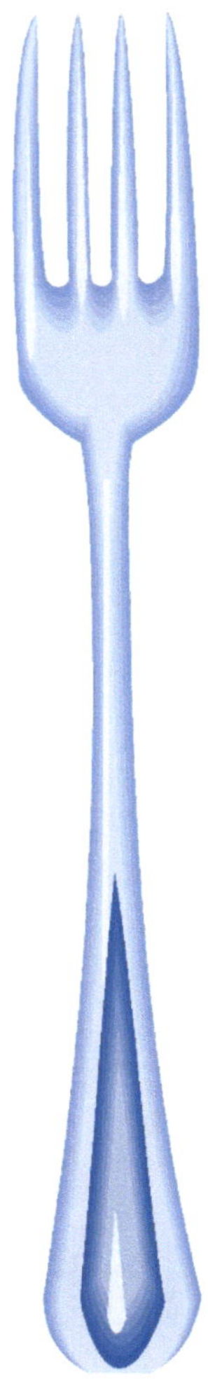

La fourchette
tenedor

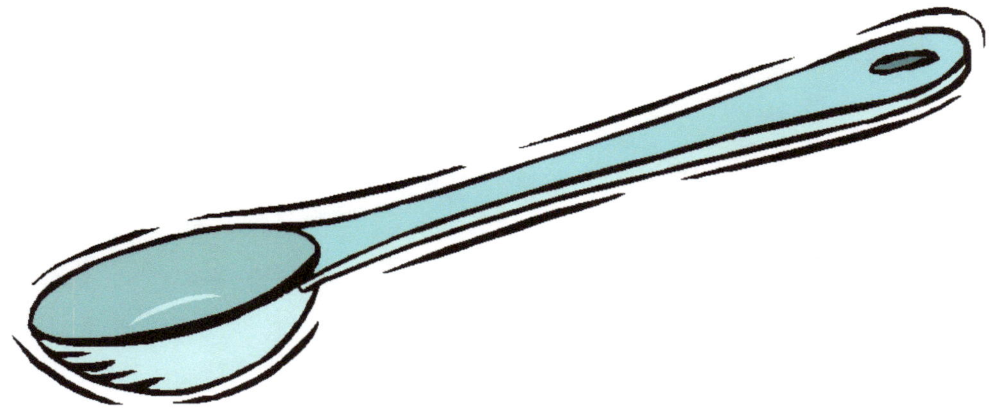

La cuillère

cuchara

Le couteau

cuchillo

Le verre

vaso

La tasse

taza

La cuisine

cocina

Le four

horno

Le réfrigérateur
nevera

L'évier

lavabo

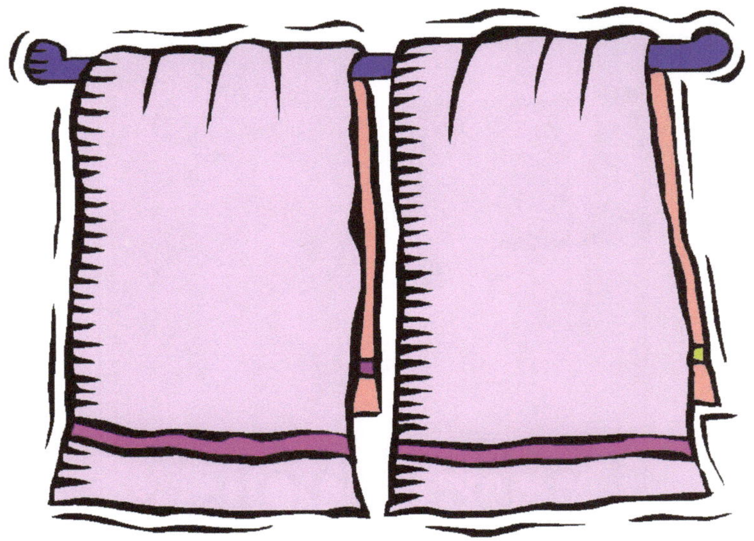

La serviette

toalla

La baignoire
bañera

La douche
ducha

La bibliothèque
estantería

Le lit

cama

La commode
cómoda

La chambre
dormitorio

Le placard

armario

Le berceau
cuna

La radio
radio

Le four à micro-ondes
microondas

La poubelle
cubo de basura

Apprenez des choses dans un dictionnaire d'images illustrant la maison.

À propos de l'auteur : Richard Carlson est auteur de livres bilingues pour enfants.
www.richardcarlson.com

www.ingramcontent.com/pod-product-compliance
Lightning Source LLC
Chambersburg PA
CBHW042059110726

48006CB00002B/461